AF259829

RAPPORT OFFICIEL

SUR

L'ASSASSINAT

DES

Ministres Plénipotentiaires à Rastadt.

Lettre de M. BARBACZY, colonel des hussards de Szeckler, à S. A. R. l'archiduc CHARLES, feld-maréchal-général des troupes de sa majesté l'empereur.

Au quartier-général de l'état-major, à Gensback, le 30 avril 1799.

JE dois compte à votre altesse royale d'un événement sans exemple peut-être dans l'histoire de la scélératesse humaine, et qui étonnera encore ceux qui savent le mieux de quelles atrocités nos ennemis sont capables.

A

Les trois plénipotentiaires français au congrès de Rastadt, ayant reçu de leur gouvernement l'ordre de ne se retirer qu'à la dernière extrêmité, s'opiniâtroient à prolonger leur séjour dans cette ville, malgré les instances réitérées qui leur avoient été faites de quitter un lieu où leur présence étoit évidemment inutile, et où leur sûreté pouvoit être compromise au milieu des mouvemens des armées et sur-tout à raison de la haine que leur portoit le peuple de ces contrées. Rien ne put vaincre leur obstination ; et ils continuèrent à nous fatiguer par des notes et des protestations pleines d'insolence et de calomnies contre S. M. l'empereur et roi, jusqu'à ce qu'enfin le 28 du présent mois, je leur fis signifier, d'après les ordres de votre altesse royale, qu'ils eussent à *quitter le territoire de l'armée dans l'espace de vingt-quatre heures.* Ma lettre leur fut remise à 7 heures du soir ; ils furent prêts à 9. Les portes de la ville étoient fermées ; on les pria d'attendre au lendemain matin ; on leur représenta qu'il ne seroit pas sans danger pour eux de voyager au milieu de la nuit, sur une route couverte de paysans armés, et dans un pays où les cruautés

commises par les Français étoient en=
core trop récentes pour qu'on les eût
oubliées. Ils insistèrent. Je leur fis alors
offrir une escorte : deux d'entr'eux, *Roberjeot* et *Bonnier*, étoient d'avis de l'ac-
cepter ; mais le troisième, *Jean-Debry*,
s'y opposa avec la plus grande force ;
il prétendit qu'il y auroit de la lâcheté
à ne pas rejetter une pareille offre ; il
poussa l'insolence jusqu'à dire, dans son
jargon républicain, que des ambassa-
deurs de la liberté n'étoient pas faits pour
être protégés par des soldats du des=
potisme ; et finit par donner à entendre
qu'une escorte autrichienne lui inspireroit
plus de crainte que de confiance. Appuyé
par le secrétaire de la légation française,
nommé *Rosentiel*, qui paroissoit être
parfaitement d'intelligence avec lui, il
décida enfin ses collègues à mépriser nos
avis, à négliger toute précaution, et à
partir sans délai. Cédant à leur impa=
tience, on leur ouvrit les portes vers dix
heures du soir ; ils sortirent avec leurs se=
crétaires, des femmes, et assez bon nom=
bre de domestiques, le tout remplissant
cinq voitures ; et ils firent éclairer leur
marche par plusieurs flambeaux allumés
que portoient leurs gens, comme s'ils

eussent voulu qu'on fût bien averti du moment de leur passage.

Environ une demi-heure après leur départ, un détachement de mes hussards, stationné près de la ville , entendit des cris lamentables qui sembloient partir des bords de la Murg , à un quart de lieue de distance ; ils y accoururent, et trouvèrent les cinq voitures arrêtées à cinquante pas du canal , les cadavres de deux des ministres français , *Roberjeot* et *Bonnier*, étendus sur le grand chemin et horriblement mutilés : l'un avoit le crâne entièrement enlevé , l'autre le ventre ouvert ; les femmes poussoient des hurlemens de désespoir ; les domestiques étoient dans la plus affreuse consternation. Le troisième ministre et le secrétaire de légation avoient disparu ; les assassins avoient eu le tems de s'enfuir.

On ramena les voitures et les personnes qui étoient dedans , à Rastadt , et tous les secours furent prodigués à des malheureux dont l'état inspiroit la plus vive compassion. Aucun d'eux n'étoit blessé ; mais leur trouble et leur douleur étoient extrêmes. Vers minuit, le secrétaire de légation, *Rosentiel*, dont on n'avoit pas eu de nouvelles, et qu'on croyoit mort , rentra à pied dans la ville ; il n'avoit reçu aucune blessure , et paroissoit fort tranquille. On l'interrogea ; il fit des réponses vagues et embarrassées , assura ne pas comprendre comment il avoit échappé lui-même aux assassins , et ignorer ce qu'étoit devenu le ministre *Jean-Debry* , et qu'on ne voyoit point paroître. On interrogea aussi les domestiques de *Roberjeot* et de *Bon-nier*; tout ce qu'on en put apprendre , c'est qu'en approchant de la Murg, on vit sortir tout-à-coup d'une embuscade une trentaine de brigands bien armés, qui couchant en joug les postillons , les forcèrent d'arrêter; qu'aussitôt *Jean-Debry*, qui étoit dans la première voiture , en descendit sans s'émouvoir , et alla au-devant d'eux en criant *qu'il étoit Jean-Debry, plénipotentiaire de la république française ;* qu'il leur répéta plusieurs fois, en y appuyant fortement son nom de *Jean-Debry*; qu'alors les brigands le saisirent, et eurent l'air de lui donner quelques coups , après quoi on le perdit de vue dans les ténèbres ; que son secrétaire, nommé *Belin* , fut également saisi , mais qu'il ne lui fut fait aucun mal ; que ces hommes , qui parloient tous français , demandèrent à *Rosentiel* , en l'appelant par son nom , les papiers de la légation ; qu'il les leur livra , et qu'il passa ensuite au milieu d'eux sans qu'ils parussent vouloir l'arrêter ; qu'après avoir jeté ces papiers dans la Murg , les scélérats s'approchèrent des voitures où étoient les deux autres plénipotentiaires , qu'ils demandèrent à haute voix et toujours en français , à l'un *s'il étoit Bonnier*, à l'autre *s'il étoit Roberjot* , et que sur leur réponse affirmative , il les hachèrent à coups de sabre , et ne les laissèrent qu'après s'être bien assurés qu'ils ne respiroient plus; enfin, que ces montres venoient de disparoître , lorsque mes hussards étoient arrivés. Voilà quel fut le récit uniforme de ces gens. Tout Rastadt étoit en rumeur ; il n'y avoit personne qui ne frémit d'horreur ; et chacun se perdoit en conjectures sur un événement qui ne paroissoit pas moins inexplicable que tragique. Le lendemain 29 , à sept heures du matin , on apprit que *Jean-Debry* revenoit; une foule immense courut au-devant de lui , autant par un sentiment d'humanité , que par une curiosité naturelle à la multitude. Il étoit accablé de fatigues , ayant erré toute la nuit ; il avoit le visage et les mains souillées de sang ; ses habits étoient aussi ensanglantés et en lambeaux : il se plaignoit beaucoup, prétendoit avoir reçu plus de vingt blessures, et demandoit du repos. M. le comte *Gœrtz* le fit conduire chez lui, et appela son chirurgien pour lui donner ses soins. *Jean-Debry* fit difficulté de se laisser visiter par un homme de l'art, et se défendit long-temps, en disant qu'il n'avoit besoin que de sommeil, et qu'il se feroit panser à Strasbourg. Mais sur les pressantes instances du comte *Gœrtz*, il se rendit enfin, quoiqu'avec beaucoup de peine. Quand on en vint à le déshabiller, on le trouva vêtu d'un habit et d'une redingote dont le drap et la doublure étoient d'une épaisseur extraordinaire ; là-dessous il portoit encore deux grosses vestes et deux gilets ; de sorte que pas un des quarante ou cinquante coups dont sa redingote étoit percé, n'avoit pénétré jusqu'à son corps ; il avoit pour toutes blessures quelques contusions au dos et aux épaules, et une légere égratignure au poignet, qui paroissoit avoir été faite avec précaution, et plutôt avec un stilet qu'avec un sabre. Du reste, on ne lui trouva point de fièvre.

A peine ces détails eurent-ils transpiré au-dehors qu'en les rapprochant des circonstances déjà connues , on commença à concevoir d'étranges soupçons. *Jean-Debry* et *Rosentiel* étoient précisément ceux qui, la veille, avoient rejetté si hautement l'offre d'une escorte , qui avoient insité pour que le départ eut lieu pendant la nuit ; et eux seuls de la légation avoient été épargnés. L'empressement de *Jean-Debry* à se nommer aux meurtriers, la confiance avec laquelle il s'étoit jeté dans leurs bras , le ménagement avec lequel on l'avoit frappé , sans lui faire presq'aucun mal , tandis qu'on avoit mis en pièces ses collègues ; la précaution qu'il avoit prise d'avance de se plastronner de tant d'habits et de gilets , tout sembloit autoriser des conjectures, à l'appui desquelles venoient encore d'autres souvenirs. On se rappeloit qu'avant l'arrivée de *Jean-Debry* à Rastadt, en s'y étoit beaucoup loué de *Bonnier* et de *Roberjeot* ; que leurs dispositions pacifiques avoient déplu au directoire français , qui , en conséquence leur avoit adjoint *Jean-Debry* comme un surveillant ; que depuis ce temps, celui-ci , avec le secrétaire *Rosentiel* , possédoient seuls toute la confiance

de leur gouvernement, dictoient impé-
rieusement toutes les démarches aux
deux autres plénipotentiaires, et les for-
çoient de signer toutes ces notes provo-
quantes qui exprimoient des prétentions
si insoutenables, et qui ont enfin néces-
sité la guerre. On savoit que depuis
quelques mois, sur-tout, *Roberjeot* et
Bonnier ne dissimuloient plus l'indignation qu'ils ressentoient du rôle qu'on leur
faisoit jouer, et qu'ils se plaignoient sans
cesse de ce qu'on avoit voulu rendre
la paix impossible ; on savoit notamment
qu'environ quinze jours avant leur départ,
ils avoient dit à *Rosenticl*, dans un moment d'humeur, qu'il n'attendoient que
leur retour en France pour dénoncer au
corps légilatif la politique extravagante
du directoire, son éloignement pour
toute conciliation, et ces instructions
par lesquelles il leur ordonnoit d'exiger
toujours quelque chose de plus qu'on ne
leur voudroit accorder, afin de forcer
la rupture. Ce dernier propos paroissoit
à tout le monde avoir été la cause dé-
terminante de la mort de ces deux infor-
tunés, et l'on ne trouvoit pas d'autre
moyen d'expliquer pourquoi les assassins
s'étoient attachés à ces deux seuls indi-

vidus, à l'exclusion de tous les autres : pourquoi, de peur de se tromper, ils leur avoient fait décliner leurs noms, pourquoi enfin ils avoient pris un soin particulier de jeter dans la Murg les papiers de la légation, parmi lesquels se trouvoient sans doute les instructions secrettes du directoire de France.

Ces divers rapprochemens ne laissoient plus de doute à personne sur les véritables auteurs du complot ; la compassion qu'avoit d'abord inspiré *Jean-Debry*, tant qu'on l'avoit regardé comme une victime échappée à ses boureaux, commençoit à se tourner en fureur contre lui et ses complices, depuis qu'on avoit mieux approfondi cette horrible affaire. Le cri d'horreur et d'indignation fut général. *Jean-Debry* le sut et exprima le désir de se retirer au plutôt. Pour cette fois, il demanda une escorte, qui lui fut accordée sur-le-champ ; et mes hussards le ramenèrent le soir même aux avant-postes français, avec sa femme, ses filles, son secrétaire, et tous ceux qui l'avoient accompagné à son premier départ, excepté ses deux malheureux collègues dont nous recueillîmes les restes, et que nous fîmes enterrer avec honneur.

Ce n'est pas à moi à faire des réflexions sur ce que je viens de raconter à votre altesse royale ; mais s'il falloit exprimer ce qu'on ne peut s'empêcher de sentir, que ne diroit-on pas d'un gouvernement aussi redoutable à ceux qui le servent qu'à ses ennemis, et qui fait ainsi égorger ses propres agens, les uns par les autres, lorsqu'il croit sa politique intéressée à les immoler ? Il seroit impossible de rendre la sensation que cette atrocité a faite dans ce pays-ci.

Aucun des meurtriers n'a été arrêté jusqu'à présent par mes patrouilles, quoique j'aie donné des ordres pour qu'on les cherchât avec soin dans tous les environs.

Je suis de votre altesse royale, etc.

BARBACZY, colonel.

SECONDE LETTRE

De M. BARBACZY, *colonel des hussards de Szeckler, à son altesse royale l'archiduc* CHARLES *, feld-maréchal-général des troupes de sa majesté l'empereur.*

Au quartier-général de l'état-major,
à Gensback, le 1ᵉʳ. mai 1799.

MES hussards m'ont amené hier soir, quelques heures après le départ de mon courier porteur des dépêches que j'ai eu l'honneur d'adresser à votre altesse royale, deux hommes que des paysans armés avoient rencontrés la veille, vers 10 h. du matin sur la rive droite du Rhin, à une petite distance de Kehl. Ces paysans, après les avoir poursuivis assez long-tems, les avoient enfin atteints un peu en-delà de Wuilsett. Les reconnoissant pour des Français, et leur trouvant un air suspect, ils voulurent d'abord les mettre à mort; mais comme ils assurèrent qu'ils n'étoient ni espions,

ni gens de guerre, et qu'au moment où on les avoit rencontrés, ils se préparoient à repasser paisiblement le Rhin, pour retourner chez eux, on crut devoir me les envoyer. Ils répondirent avec beaucoup d'embarras à toutes les questions que je leur fis : j'ordonnai qu'on les fouillât ; ils avoient chacun dans une bourse cinquante pièces d'or monnoie de France et on trouva dans la poche de l'un d'eux le billet que je joins ici : (*billet trouvé dans la poche d'un des prisonniers.*)
« Rastadt, 9 Floréal, 8 heures du soir.
» Nous partons dans une heure. Vous
» nous verrez de neuf à dix. Nos voi-
» tures seront éclairées. Jean sera dans
» la première, et moi dans la quatrième,
» avec les papiers. Je vous recommande la
» troisième et la cinquième. *Signé* R. I. »
Après avoir lu ce billet, je vis que je tenois deux des exécuteurs du détestable complot dont on avoit si bien deviné les auteurs à Rastadt. J'espérai apprendre d'eux les détails de cette affreuse trame : mais il me fut impossible de les faire parler ; et ils ont constamment gardé un silence opiniâtre que la menace même de la mort n'a pu leur faire rompre ; je crois prévenir le desir de

votre altesse royale , en les lui faisant conduire , afin qu'elle puisse les inter-roger elle-même, et qu'elle prononce sur leur sort. J'apprends à l'instant , par des déserteurs et des prisonniers fran-çais qu'on vient de m'amener , que *Jean-Debry* , en arrivant à Strasbourg , avoit eu la lâcheté et la noirceur d'im-puter à mes hussards son propre crime ; à ces mêmes hussards dont il avoit forcé ses malheureux collègues à refuser l'es-corte , qui avoient accouru aux cris des victimes , dans l'espérance de les se-courir, qui avoient témoigné tant d'in-térêt à leurs veuves et à toute leur suite, qui enfin venoient de le reconduire lui-même en sûreté jusqu'aux bords du Rhin. Cette nouvelle infamie m'a prouvé que ce machiavélique directoire s'étoit pro-posé un double objet , en faisant égor-ger deux de ses ministres , et qu'il avoit voulu non-seulement se défaire des indi-vidus et des pièces qui pouvoient l'accu-ser , mais encore faire naître une occa-sion de calomnier les troupes victorieuses de sa majesté l'empereur et roi. Heureu-sement cette monstrueuse calomnie tom-be par sa propre absurdité. Car quel motif supposer à mes hussards pour commettre cet assassinat? Ce n'est pas leur haine contre les Français, puisque sur quinze que renfermoient les cinq voitures, ils en laissent vivre treize, pour ne s'acharner que contre deux en particuliers. Ce n'est pas non plus le desir du pillage, puisqu'ils ne touchent ni l'or, ni l'argent, ni les bijoux, et ne s'attachent qu'à des papiers. Dira-t-on qu'ils agissoient par ordre de leurs chefs, et que ceux-ci vouloient avoir les papiers de la légation? Mais pourquoi donc ne s'emparent-ils de ces mêmes papiers que pour les jeter dans la Murg? Fut-il jamais rien de plus mal cousu! Ne reconnoît-on pas ici ceux qui firent tuer à Rome un de leurs officiers nommé *Duffaut*, pour imputer ensuite ce meurtre aux ministres du pape! Ceux qui firent massacrer leurs malades dans l'hôpital de Vérone, pour accuser de cette boucherie le sénat de Venise? Leurs ruses sont connues; toute l'Europe retentit de leurs forfaits, et le ciel s'apprête à les faire retomber sur leurs têtes.

Je suis, de votre altesse royale, etc.

BARBACZY, colonel.

P. S. Au moment où j'allois dépêcher
un courier pour porter cette lettre à
votre altesse royale, un détachement de
mes hussards vient de m'amener dix
autres Français qui ont été trouvés à
l'entrée de la forêt Noire, et qui, après
avoir fait mine de résister, et tiré quelques coups de fusil, se sont rendus prisonniers : ils ont avoué avoir été envoyés
depuis huit jours de Strasbourg, au nom-
bre de 27, pour faire ce coup, et n'a-
voir été avertis que dans la soirée du 28
avril, du moment où il faudroit l'exécu-
ter. Ils ajoutent beaucoup d'autres détails
que votre altesse royale apprendra mieux
de leur propre bouche. Je les lui envoie
sous bonne garde avec les deux premiers.
Mes hussards n'auront pas de repos qu'ils
ne tiennent le reste de la band...

———

www.ingramcontent.com/pod-product-compliance
Lightning Source LLC
Chambersburg PA
CBHW051224070726
47595CB00018B/3170